NOTICE

SUR L'ÎLE D'ELBE.

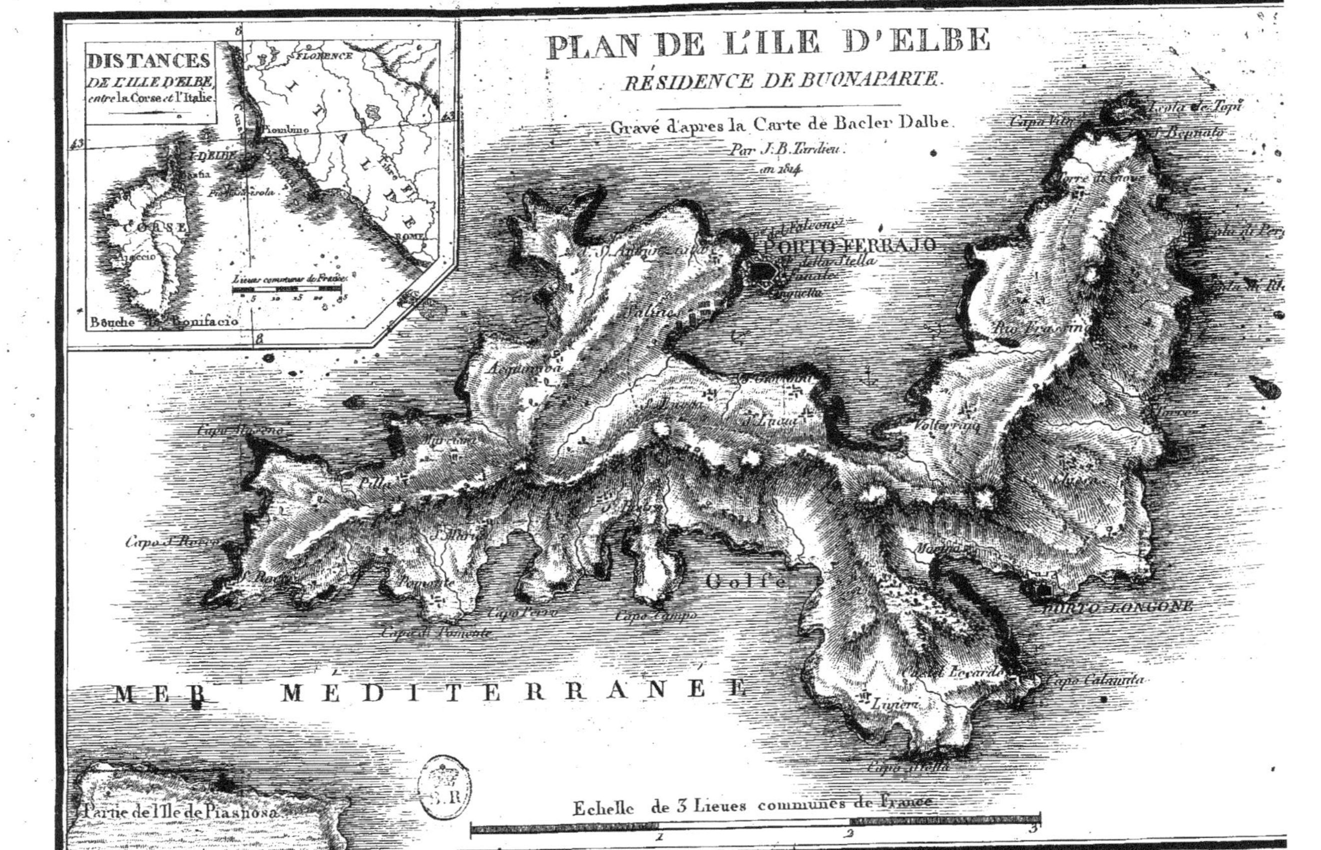

PLAN DE L'ILE D'ELBE
RÉSIDENCE DE BUONAPARTE.
Gravé d'apres la Carte de Bacler Dalbe.
Par J.B. Tardieu.
an 1814.
DISTANCES
DE L'ILE D'ELBE,
entre la Corse et l'Italie.
FLORENCE
ITALIE
Piombino
I. D'ELBE
CORSE
Ajaccio
Bouche de Bonifacio
Lieues communes de France
PORTO-FERRAJO
PORTO-LONGONE
Capo Vita
Isola de Topi
S.t Bernato
Torre di Rio
Rio Erasin
Volterrajo
Capa d'Enfola
Capo d'Enfola
Capo di Ponente
Capo Perro
Capo Campo
Capo di Levardo
Capo Calamita
Monte Liniera
Golfe
MER MÉDITERRANÉE
Partie de l'Ile de Piasnosa
Echelle de 3 Lieues communes de France
1   2   3
J.B. Tardieu rue de Sorbonne au Coin de celle des Mathurins N.º 2.
A PARIS Chez J. Goujon M.d de Cartes - Géographiques rue du Bac N.º 6. prés le pont Royal.
A Paris, chez Tardieu Denesle Libraire, Quai des Augustins

NOTICE

SUR L'ÎLE D'ELBE,

Contenant la description de ses villes, ports, places fortes, villes, bourgs, villages, l'état de sa population, de ses productions ; son étendue, sa distance de Paris, etc. ; la description des mœurs et usages de ses habitants ; un coup-d'œil sur l'histoire de cette île.

Augmentée de l'itinéraire du voyage de Buonaparte jusqu'au lieu de son embarquement.

À PARIS

Chez TARDIEU-DENESLE, libraire, quai des Augustins, n° 37.

1814.

NOTICE

SUR L'ILE D'ELBE.

Elbe, nommée en grec *Æthalia*, *Ilva* en latin, *Elba* en italien, est une île située dans la mer Méditerranée, sur les côtes de la Toscane, à 4 lieues de la terre ferme de l'Italie ; à 13 lieues de l'île de Corse, à 45 de Rome, à 85 de Naples, et à environ 230 de Paris. Elle était connue des anciens, puisqu'on rapporte qu'elle était déjà peuplée que Rome n'était pas encore bâtie.

Cette île forme un triangle presque équilatéral ; elle a vingt-six lieues de circonférence, à raison des enfoncements et des recoins qu'en présentent le côtes. En 1778, sa population était à peine de 8,000 habitants, aujourd'hui elle s'élève à 11,380.

Le plus long jour y est de quinze heures,
et le pôle s'y élève à la hauteur de 41 degrés et demi. Outre les cartes particulières
où l'on trouve cette île, il en a paru une
à Venise, qui a pour éditeur *Bertelli*, et
qui se distingue par son exactitude de
toutes les autres cartes de la Toscane.

Cette île produit toutes sortes de mé-
taux; l'on y trouve même quelques mines
d'or et d'argent qui sont abandonnées. Ces
mines sont situées au levant, au couchant
et au midi. Le territoire de *Porto-Ferrajo*
contient du cuivre, et l'on rencontre du
fer, de l'étain et du plomb en divers cantons. La mine de fer la plus abondante est
dans le territoire de *Rio*, près de la côte
maritime vers le levant. Elle a des racines
très-profondes, et s'étend l'espace d'un mille
environ dans les flancs d'une montagne. On
l'exploitait dans les temps les plus réculés;
le fer qu'elle donnait dans des temps moins
anciens appartenait aux princes de Piombino. Comme l'île manque de bois, on est

obligé de transporter le minerai sur les côtes de Gênes et de Corse, pour y être fondu et travaillé. Outre les mines, il y a aussi dans l'île des carrières de marbre, tant blanc que mixte et de brocatelle. Les Romains y occupaient continuellement un grand nombre d'ouvriers; on y fait aujourd'hui travailler les malfaiteurs envoyés de la Toscane et de plusieurs autres contrées voisines. La côte de Campo renferme du granit. C'est de cette carrière qu'on tira, en 1559, trois colonnes, qui sont dans l'église de Saint-Jean. L'île offre une grande quantité de calamite, tant blanche que noire. La montagne d'où on la tire porte le nom de *Calamita* : elle est située vers le levant à près de deux lieues du cap *Livieri*. La calamite blanche sert de médicament, et la noire a la propriété d'attirer le fer. Les marins l'emploient dans les boussoles; elle est pour cet objet d'une excellente qualité.

La pierre d'amianthe ou l'asbeste se

trouve dans cette île, aussi bien que dans les îles de Corse, de Sardaigne, et autres lieux. Ses filaments sont soyeux, on en peut faire une espèce de toile. En voyant une touffe séparée de cette asbeste, on a peine de se convaincre que c'est réellement une pierre et non pas une belle soie blanche. On la mêle quelquefois dans l'argile dont on fabrique de la poterie, qui en devient moins cassante. Les anciens filèrent l'asbeste et en faisaient des napes, des serviettes, etc. Quand ces pièces étaient sales, on les jetait au feu qui ne détruit pas la substance de l'asbeste; et on les en retirait plus blanches que si elles avaient été lavées.

Cette île produit aussi différentes sortes de simples qui ne croissent point ailleurs. On y recueille du grain, du vin, du sel, un peu d'huile, du lin et des fruits de toutes espèces, qui, à la vérité, ne sont pas en abondance, mais qui ont meilleur goût que ceux de la terre ferme, et suffisent aux besoins des habitants.

Les cantons de *Campo* et de *Campo-Livieri* recueillent assez de blé pour la subsistance de leurs habitants. Dans les autres cantons, cette récolte est tout-à-fait insuffisante. Si l'agriculture y laisse beaucoup à désirer, il n'en est pas de même des vins, puisqu'on en fait passer à Rome et en d'autres endroits. Le vin rouge surtout y est exquis; il y en a de deux espèces, le *vermout* et l'*aleatico*. Le *vermout* est un composé de vin blanc et d'herbes; il est fort recherché, aussi bien qué le vinaigre qu'on fait dans cette île. Le seul territoire de Rio manque de toute espèce de productions, ses habitants s'appliquant pour la plupart au commerce de la mine de fer, et négligeant l'agriculture; d'où il arrive que pour peu que ce commerce cesse pendant quelques mois, cé pauvre canton se trouve exposé aux horreurs de la famine. Les bois sont en général peu élevés et ne contiennent guère que du buis, des *pruzzoli*, du romarin, dont on trouve des terrains d'environ une lieue entièrement converts, des arbrisseaux appelés *agnocasto*, de la sabine, du *tramarice*. Le figuier d'Inde s'y élève de douze à vingt pieds dans les terrains les plus arides, au sein même des rochers ; il est toujours vert, il subsiste fort long-temps, et l'insecte qui donne la cochenille se plaît sur ses feuilles. On pourrait en profiter pour ouvrir à cette île une nouvelle branche de commerce. L'île n'est arrosée par aucune rivière, et ne manque cependant pas de sources d'eau d'une fort bonne qualité, qui servent à faire aller des moulins. Ces sources ne tarissent jamais, même pendant l'été. Elle a aussi quelques sources d'eaux minérales.

Les animaux domestiques et privés qui naissent dans l'île sont pour la plupart d'un pelage rougeâtre et noir : leur chair a un goût exquis et une fort bonne odeur; ce qui provient des herbes odoriférantes qui abondent dans l'île et dont ces animaux se nourrissent. Les animaux sauvages sont les sangliers, les lièvres, les martres, les hérissons ou porc-épics ; et en oiseaux elle a des cailles, des perdrix, des pigeons, des grives, des moineaux, des canaris, des rossignols, quelques ortolans, etc. On n'y voit point de bêtes fauves, point de bestiaux et point d'abeilles, quoique le pays y soit propre. Mais ce qui rend le séjour des campagnes désagréable, c'est qu'elles sont infectées d'un grand nombre de reptiles, et qu'elles sont stériles en beaucoup d'endroits.

La mer qui baigne ses côtes abonde en poissons de toutes espèces. On a perdu dans cette île la pêche des nacres, dont quelques-unes contenaient des perles. Il y a deux endroits dans l'île où l'on pêche le thon : l'un est le golfe de *Porto-Ferrajo* ; l'autre le golfe de *Procchio*, dans le territoire de *Marciana*. La première de ces pêches n'est pas d'un grand profit ; la seconde est fort avantageuse et ne manque presque jamais. Il y a outre cela d'autres pêches qui se font dans toutes les saisons, et où se trouvent non seulement les gens du pays, mais encore des pêcheurs de plusieurs autres nations.

Les Elbois sont naturellement doux, hospitaliers et attachés au lieu qui les a vus naître. La vie frugale qu'ils mènent contribue à les rendre sains et robustes. Ils sont d'une moyenne stature, bien pris dans leur taille, bruns de peau, ayant les cheveux noirs, le regard vif et pénétrant. Ils aiment la chasse, sont bons marins, et se livrent avec plaisir aux exercices pénibles. Si leur territoire est menacé de quelque invasion, on les voit tous se faire soldats. L'amour du travail et la bravoure sont des qualités qui les distinguent ; et la probité, qui est ordinairement le partage de l'homme laborieux, se rencontre souvent chez eux. Ils ne se servent point du stylet comme les habitants de plusiéurs autres contrées, mais ils sont généralement superstitieux et ignorants.

Les femmes portent un chapeau de

paille noire, un corset blanc, et une jupe courte de couleur rouge ou bleue. Celles qui aiment la parure ajoutent à cet ajustement une fleur, des rubans, des boucles d'oreilles, une chaîne de col, et autres bijoux d'or. Sans êtres très-jolies, elles sont d'un extérieur agréable, et ont pour qualités morales d'être bonnes mères et épouses fidèles.

La vieillesse des deux sexes n'est point décrépite dans cette île.

On s'y nourrit de légumes secs, de fromage de lait de brebis, de lard, de viandes salées et fumées, de pain grossier, de toutes sortes de poissons frais dont on y fait une pêche facile et abondante, de thon mariné et d'une sorte de gâteau fait avec de la châtaigne ; mais les habitants préfèrent, pour leur nourriture, la viande et le poisson aux végétaux. Leurs maisons sont basses, tenues avec propreté et meublées simplement.

Les Elbois se livrent peu aux plaisirs bruyants, leur danse même offre peu de vivacité et de gaîté. Leur langage est un patois dérivé du toscan.

Cette île ne renferme point de fabriques ni de manufactures. L'industrie y est peu de chose. Le commerce qui s'y fait ne consiste que dans l'importation des grains, fromages, bestiaux, etc., et dans l'exportation du thon, du sel, des vins, du vinaigre, du granit et surtout du minerai.

L'île d'Elbe renferme deux villes qui sont Porto-Ferrajo et Porto-Longone, et quelques bourgades et villages.

PORTO-FERRAJO, en latin *Portus-Ferratus*, jolie petite ville, située par 28 degrés 12 minutes de longitude et 42 degrés 55 minutes de latitude, sur une longue pointe de terre fort haute et fort escarpée, à l'ouest de la baie du même nom. Son port, vaste et profond, peut recevoir les plus gros vaisseaux, et se nommait anciennement *Portus-Argous*. Cette ville appartenait au duc de Toscane, et les Anglais, qui la gardaient en son nom, ont soutenu contre les Français un siége opiniâtre qui n'a cessé qu'en 1802. Elle se trouve aujourd'hui comprise dans le département de la Méditerranée. On y compte trois mille habitants.

En 1537, Côme Ier, duc de Florence, obtint Porto - Ferrajo des seigneurs de Piombino, et il y bâtit un ville et une forteresse, pour être à l'abri des corsaires. Elle prit le nom de son fondateur en s'appelant *Cosmopoli,* et celui de Porto-Ferrajo lui fut aussi donné à cause des mines de fer qui se trouvent dans les environs. Tout le contour de la place, mesuré à la portée du canon, depuis le fort jusqu'au bastion des moulins, c'est-à-dire la partie de l'île qui appartenait au grand-duc, comprend une étendue de 1666 toises quatre cinquièmes, la toise à raison de trois brasses. Le 10 mai 1738, on commença à exécuter, sur l'ordre de l'empereur François, le projet d'augmenter les fortifications de Porto-Ferrajo. Les travaux ont été continués jusqu'en 1758, en sorte qu'on a fait de cette place une des forteresses les plus considérables de l'Italie. Elle est composée de neuf bastions et de beaucoup d'ouvrages, et est d'ailleurs défendue par deux forts, la *Stella* et le *Falcone*. Il y avait encore au - dehors un autre fort nommé *S. Giov. Battista*, qui a été démoli. Cette place, du côté de la mer, est fermée par son port, et est séparée du reste de l'île par un canal creusé à mains d'hommes, sur lequel est un pont. Elle avait ordinairement une garnison de cinq cents hommes. Le gouverneur de la ville décidait des affaires civiles et militaires. A présent elle est le chef-lieu d'une sous-préfecture, d'un tribunal de première instance, d'un tribunal de commerce, et elle a une conservation des hypothèques. Ses habitants font le commerce de sel, de marbre, de granit, de thon et autres poissons. Sa tonnellerie et ses salines sont d'un revenu considérable.

On y compte trois églises, avec un couvent de franciscains et deux oratoires de confréries où l'on dit la messe.

PORTO-LONGONE, en latin *Portus Longus*, à 28 degrés 15 minutes de longitude, et 42 degrés 52 minutes de latitude, est une petite ville située sur la côte orientale de l'île ; elle fait partie du département français de la Méditerranée, et est le chef-lieu de canton de l'arrondissement, à une liéue de Porto-Ferrajo. Conformément au traité avec le roi de Naples, les Français en prirent possession en 1801. Cette ville a 1500 habitants. Porto-Longone a aussi un bon port ; la forteresse, située sur un rocher, en est presque inaccessible. L'objet principal d'exportation est le poisson. Elle faisait autrefois partie de la principauté de Piombino, et le roi de Naples avait le droit d'y entretenir une garnison. On commença à la bâtir en 1611 par ordre de Philippe III, roi d'Espagne. Elle fut prise par les Français en 1646, et reprise par les Espagnols en 1650. Elle est à trois lieues de Piombino. Il y a au-dessous une petite bourgade dont les habitants tirent de la pêche leur principale subsistance.

Rio, chef-lieu d'un canton de Porto-Longone, est une bourgade qui compte 1800 habitants. Ses environs sont peu cultivés, attendu qu'on s'y occupe exclusivement des mines de fer. Ces mines offrent un résultat fort intéressant pour le commerce : elles donnent de 75 à 85 pour cent d'excellent fer, égal à celui de Suède et de Sibérie. En 1534, elle fut saccagée par le corsaire turc Barberousse, qui réduisit tous les habitants à l'esclavage.

Campo, village qui se trouve dans le canton de Marciana, a 1700 habitants.

Campo Livieri, village dont les habitants retirent en grande partie leur subsistance de la culture de leurs champs et de leurs vignes.

Les petites bourgades de *Saint-Jean*, *Saint-Hilaire*, *Saint-André* et de *Pomonte*, trouvent dans leurs vignobles un profit assez considérable.

Sur la côte maritime du golfe de Porto-Ferrajo on trouve des salines qui faisaient partie des droits régaliens du souverain, et qui sont d'un plus grand profit que celles de *Castiglione di Maremma* dans la principauté de Piombino, parce que le sel s'y prépare sans qu'on ait besoin de bois, et que cuit par la seule chaleur du soleil il est d'une excellente qualité. Ces salines sont de deux espèces. 1° *Alla Paesana*, d'où l'on tire des morceaux de sel plus gros et plus bruts; telles sont les salines *delle Ghiaje* et *delle Lazzeretto*; 2° *Alla Trapanese*, dont les fosses sont revêtues de pierres; l'eau de la mer s'y évapore, et les morceaux de sel qu'on en tire sont plus minces; telles sont les salines de *S. Rocco* et *dell' Annunziata*.

L'île d'Elbe fut d'abord occupée par les Etrusques; elle jouit pendant quelques instants du privilége de ces villes de la Grèce qui se gouvernaient par leurs propres lois, et que l'on nommait *autonomes*. Soumise ensuite tour à tour aux Carthaginois et aux Romains, dévastée par différents peuples, après la chute de l'empire romain, elle tomba sous la domination des Pisans, au commencement du onzième siècle.

Dans le treizième siècle, les Génois enlevèrent aux Pisans l'île d'Elbe et la principauté de Piombino, et les vendirent aux Lucquois pour la somme de 8,500 livres (environ 53,000 francs), en s'en réservant toutefois le domaine suprême. Mais peu de temps après, les Pisans, sous la conduite de leur capitaine, le comte Gui de Montefeltro, recouvrèrent cette possession. J'acques d'Appiano ayant usurpé la souveraineté de Pise, et par conséquent aussi celle de Piombino et de l'île d'Elbe, Gérard son fils et successeur, vendit, en 1399, l'état de Pise à Jean Galeace Visconti, duc de Milan, mais se réserva le domaine de l'île d'Elbe et de Piombino. En 1439, Jacques II d'Appiano étant mort sans héritiers mâles, il eut pour successeur dans Piombino et l'île d'Elbe Rinald Ursino, mari de Catherine sa fille, qui, aidé des Siennois et des Florentins, résista en 1448 à Alphonse, roi d'Arragon, dont les troupes infestaient ses états par mer et par terre. A la mort de ce Rinald, en 1450, la seigneurie de Piom-

bino et de l'île d'Elbe, fut gouvernée par
sa veuve, sous la protection de la république de Sienne et l'inspection d'un con-
seil de quinze citoyens siennois choisis par
le sénat de cette république. Catherine,
pour obtenir la paix du roi Alphonse (d'autres disent du roi Ferdinand), s'engagea à
lui donner tous les ans, durant sa vie, une
tasse d'or de la valeur de 500 ducats (environ 3125 francs). A sa mort, qui arriva
six mois après, les Siennois, qui avaient cet
état sous leur protection, envoyèrent Chris-
tophe Gabrielli à Piombino. Cet émissaire
contint le peuple dans le devoir jusqu'à ce
que le sénat de Sienne eût fait venir de
Naples Emmanuel d'Appiano, qui y portait
les armes depuis plusieurs années; et ce fut
lui qui, d'après le vœu des sujets, s'empara
du gouvernement de Piombino et de l'île
d'Elbe. En 1501, César Borgia, fils naturel
du pape Alexandre VI, enleva à Jacque IV
d'Appiano, avec le secours des Siennois,
Sugheretto, *Scarlino*, *Piombino*, *l'île
d'Elbe*, et de *Pianoza*. Mais après la mort

d'Alexandre VI, ce Jacques IV rentra en possession de la seigneurie. En 1505, il mit son état sous la protection du roi d'Espagne, qui établit une garnison dans la ville de Piombino. Mais quatre ans après il se soumit à l'empereur Maximilien Ier, en qualité de fief impérial, pour vivre plus en sûreté au milieu des troubles qui déchiraient alors toute l'Italie. En 1534, Barberousse, corsaire turc, débarqua dans l'île d'Elbe, s'accagea *Rio* et réduisit tous ses habitants à l'esclavage ; c'est probablement à cette époque que fut démantelée *Grossera*, bourgade de l'île située autrefois dans le territoire de Rio, à l'endroit où est à présent l'église de Sainte-Catherine, auprès de la tour *del Ghiacciò*. En 1537, Côme Ier de Médicis, alors duc de Florence, obtint des seigneurs de Piombino la ville de *Porto-Ferrajo*, pour la fortifier contre les attaques des corsaires turcs ; y construisit une belle place, et de son nom l'appela *Cosmopoli*.

L'île fut de nouveau ravagée par Barberousse, en 1544. Quatre ans après, cet état fut enlevé à Jacques VI d'Appiano, par l'empereur Charles-Quint, sous prétexte qu'il était mineur et que sa mère était veuve, qu'ils étaient l'un et l'autre fort endettés et hors d'état de faire tête aux dangers dont la guerre les menaçait. Charles-Quint en prit donc possession, et confia la principauté et son seigneur en bas âge à la protection de Côme Ier, duc de Florence. En 1551, *Porto-Ferrajo* fut vainement assiégée par le corsaire Barberousse, Côme Ier ayant envoyé des troupes qui le forcèrent à se retirer. En 1554, les Turcs, sous le commandement de Tragut-Rais, saccagèrent l'île et en emmenèrent neuf cents personnes. Tout subit leur joug, excepté *Porto-Ferrajo* que gardait Luc-Antoine Cuppano, gouverneur de Piombino et colonel au service de terre du duc Côme, et Jacques VI, capitaine des galères du même duc. En 1556, les Turcs firent de nouvelles tentatives sur l'île, mais inutilement. En 1558, l'empereur Charles-

Quint restitua à Jacques VI l'état de Piombino, et Côme Ier, duc de Florence, fut confirmé dans la possession de *Porto-Ferrajo*, à cause des dépenses qu'il avait faites pour fortifier cette ville.

On lui accorda en même temps un terrain d'environ trois quarts de lieue à la ronde, en vertu d'un accord passé entre le susdit Jacques et Philippe II, roi d'Espagne. En 1590 Alexandre, fils de Jacques VI, ayant été tué par les conjurés, l'état fut, pendant quatre mois, sous le joug de Felix, roi d'Espagne, alors gouverneur et commandant de la garnison espagnole de Piombino. L'état fut ensuite restitué à Jacques VII, fils d'Alexandre, qui en fut investi par l'empereur, en recevant en même temps le titre de prince. Jacques VII étant mort en 1603 sans enfant mâle, les habitants de Piombino appelèrent à sa succession, Charles d'Appiano, fils de Sforza descendant de Jacques III ; mais l'état lui fut enlevé par ordre de Philippe III, roi d'Espagne, qui prit possession de la principauté, au nom de sa majesté l'empereur d'Allemagne. Le même Philippe III, jaloux de voir que Porto-Ferrajo devenait plus fort chaque jour, commença, en 1605, à faire construire *Porto-Longone*. En 1611, Isabelle, comtesse de Binasco, épouse de don George Mendoza, fut mise en possession de l'état de Piombino, par ordre du roi d'Espagne. En 1624, ce monarque s'empara du fief de Piombino, qui lui avait été accordé par l'empereur d'Allemagne, sous la condition qu'il le donnerait en arrière-fief à quelqu'autre prince. En conséquence, il ôta la principauté à la comtesse Isabelle, parce qu'elle avait épousé Paul Jourdan des Ursins, duc de Bracciano, qui était peu affectionné aux intérêts de l'Espagne. Il en résulta un procès, et la sentence par laquelle l'empereur la termina, décida en faveur des fils de Sforza ou des Appiani, et les obligea de payer à la chambre des finances d'Autriche la somme de 800,000 florins d'or (environ un million de francs), et cette clause n'ayant point été observée, la sous-inféodation de Piombino fut accordée, en 1635, à dom Nicolas Ludovisi. La principauté passa ensuite dans la maison de Buoncompagni, c'est-à-dire aux ducs de *Sora*, famille napolitaine qui doit sa fortune au souverain pontife Grégoire XII.

Par l'art. 4 du traité de paix conclu à Florence le 7 germinal an 9 (28 mars 1801), sa majesté le roi de Naples, qui possédait la souveraineté (mais non le domaine utile) de l'île d'Elbe, en a fait cession à la France.

Le sénat français, dans sa séance du 2 avril 1814, ayant décrété la déchéance de l'empereur Napoléon et de sa famille, et délié en conséquence le peuple français et l'armée du serment de fidélité, a transmis ledit décret au gouvernement provisoire, afin qu'il le fît connaître dès le lendemain au peuple français.

Le 11 du même mois, Napoléon Buonaparte a envoyé son acte d'abdication,

daté du palais de Fontainebleau. Il a ac-
cepté six millions de pension qui lui ont
été accordés pour lui et sa famille, et a
consenti à se retirer dans l'île d'Elbe. Il
est parti de Fontainebleau le 20 avril à
midi, accompagné du général Bertrand,
officier français, qui était seul dans sa voiture, et de quatre généraux alliés, russe,
autrichien, prussien et anglais, qui occupaient plusieurs voitures, sous l'escorte de
vingt-cinq hommes de cavalerie.

Buonaparte a suivi sa route par le Niver-
nais, le Bourbonnais et Lyon. Les précau-
tions qui avaient été prises n'ont laissé jus-
que-là au peuple que la faculté de se livrer
à quelques déclamations injurieuses; mais
arrivé à Avignon, la voiture de Buonaparte
fut entourée d'une grande foule, qui fit écla-
ter des signes de sa haine par de violentes
imprécations et des apostrophes outragean-
tes. Les officiers étrangers descendirent de
leurs voitures, et rétablirent assez de calme
pour pouvoir continuer le voyage. A Orgon,
Lambesc, etc. Buonaparte fut encore invec-

tivé ; à Saint-Cannat, le peuple a brisé les glaces de la voiture. Bonaparte alors a changé d'habillement, a pris un costume à la russe, et est monté dans un cabriolet. On fit partir en avant un officier allié pour assurer la route. Le sous-préfet d'Aix fit fermer les portes de la ville pour empêcher personne d'en sortir ; des détachements de troupes de ligne et de gardes nationales maintinrent la tranquillité, les voitures relayèrent en dehors des murs, et le sous-préfet se porta en avant avec la gendarmerie pour éclairer la route jusqu'à Fréjus.

Le 28 avril, Buonaparte s'est embarqué seul à Saint-Rapheau, sur une frégate anglaise qui l'a transporté à l'île d'Elbe. C'est dans ce même port de Saint-Rapheau, où, par une des plus étonnantes vicissitudes de la fortune, Buonaparte avait abordé en revenant d'Égypte.

On assure que les deux forteresses de l'île d'Elbe seront occupées désormais par des détachements de troupes françaises et alliées.

FIN